школа - ụlọ akwụkwọ	2
путовање - njem	5
транспорт - njem	8
град - obodo	10
пејсаж - odida obodo	14
ресторан - ụlọ oriri na ọnụnụ	17
супермаркет - ụlọ ahịa	20
напитци - ihe ọnụnụ	22
јело - nri	23
сеоско газдинство - ugbo	27
кућа - ụlọ	31
дневна соба - ime ụlọ ezumike	33
кухиња - usekwu	35
купаоница - ụlọ ịsa ahụ	38
дечија соба - ụlọ nwa	42
одећа - uwe	44
канцеларија - ụlọ ọrụ	49
економија - akụnụba	51
занимања - aka ọrụ	53
алати - ngwaọrụ	56
музички инструмент - ngwa egwu	57
зоолошки врт - zuu	59
спорт - egwuregwu	62
активности - ihe omume	63
породица - ezinụlọ	67
тело - ahụ	68
болница - ụlọ ọgwụ	72
хитни случај - mberede	76
земља - Ụwa	77
сат - elekere	79
седмица - izu	80
година - afọ	81
облици - ụdị	83
боје - na agba	84
супротности - mmegide	85
бројеви - nọmba	88
језици - asụsụ	90
ко / шта / како - onye / ihe / olee	91
где - ebee	92

Impressum
Verlag: BABADADA GmbH, Nedderfeld 112 , 22529 Hamburg
Geschäftsführer / Verlagsleitung: Harald Hof
Druck: Books on Demand GmbH, In de Tarpen 42, 22848 Norderstedt

Imprint
Publisher: BABADADA GmbH, Nedderfeld 112 , 22529 Hamburg, Germany
Managing Director / Publishing direction: Harald Hof
Print: Books on Demand GmbH, In de Tarpen 42, 22848 Norderstedt, Germany

школа
ụlọ akwụkwọ

делити / nkewa

плоча / obosara

учиона / n'ime ụlọ akwụkwọ

школско двориште / ogige ụlọ akwụkwọ

наставник / onye nkuzi

папир / akwukwo

писати / dee

хемијска оловка / mkpịsị ode akwụkwọ

писаћи сто / tebụl

лењир / ngwaoru eji atu ihe osise

књига / akwụkwọ

ученик / nwa akwụkwọ

торба

akpa

перница

akpa pensụl

графитна оловка

pensụl

шиљило за оловке

nkọ pensụl

гумица за брисање

rọba

блок за цртање

obosara ihe osise

школа - ụlọ akwụkwọ

цртеж
ihe osise

кист
ahịhịa agba

кутија са бојама
igbe agba

маказе
mkpa

лепило
mmapa

бележница
akwụkwọ mmega

домаћи задатак
ọrụ omume ulo

број
nọmba

сабирати
tinye

одузимати
wepụ

множити
ba uba

рачунати
gbakọọ

слово
ozi

абецеда
abiichii

реч
okwu

школа - ụlọ akwụkwọ

текст ederede	читати gụọ	креда nzu
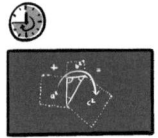		
час ihe mmụta	дневник deba aha	испит ule

сведочанство asambodo	школска униформа uwe ụlọ akwụkwọ	образовање agumakwukwo

лексикон akwụkwọ nkà ihe ọmụma	универзитет mahadum	микроскоп mikroskopu
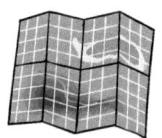		
карта maapụ	кошара за папир nkata-ahihia	

путовање

njem

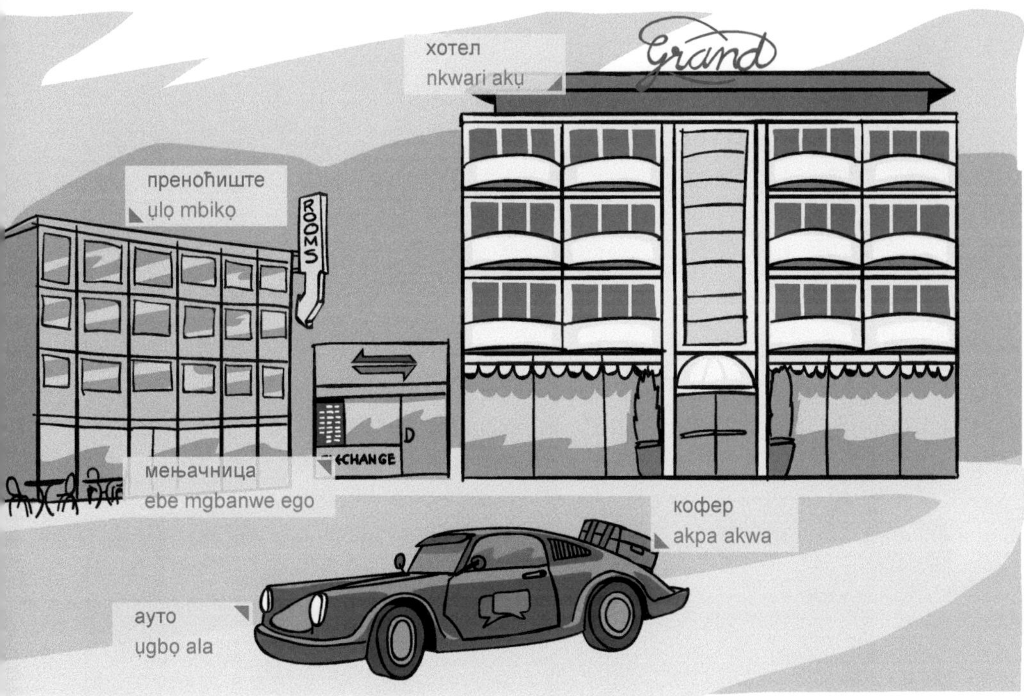

хотел
nkwari akụ
Grand
преноћиште
ụlọ mbikọ
ROOMS
мењачница
ebe mgbanwe ego
кофер
akpa akwa
ауто
ụgbọ ala

језик

asụsụ

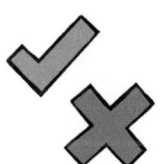

да / не

ee / mba

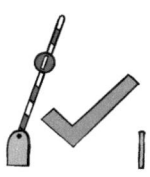

океј

Ọdịkwa mma

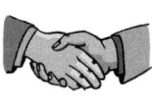

здраво

nnọọ

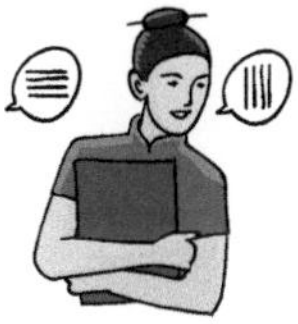

преводилац

onye ntughari

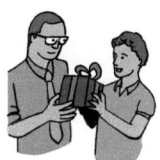

хвала

Daalụ

Колико кошта...?
ego ole bụ...?

не разумем
Aghọtaghị m

проблем
nsogbu

добро вече!
Mgbede ọma!

Добро јутро!
Ụtụtụ ọma!

Лаку ноћ!
Ka chifoo!

довиђења
ka ọ di

смер
ntuziaka

пртљага
ibu

торба
akpa

руксак
akpa azu

гост
ọbịa

соба
ime ụlọ

врећа за спавање
akpa ụra

шатор
ụlọikwuu

путовање - njem

туристичке информације

ozi njem nleta

плажа

osimiri

кредитна картица

kaadị akwụmụgwọ

доручак

nri ụtụtụ

ручак

nri ehihie

вечера

nri abalị

карта за вожњу

tiketi

лифт

mbuli

поштанска маркица

stampụ

граница

ókè

царина

ndị kọstọm

амбасада

ụlọ ọrụ nnọchite anya obodo

виза

visa

пасош

paspọtụ

транспорт
njem

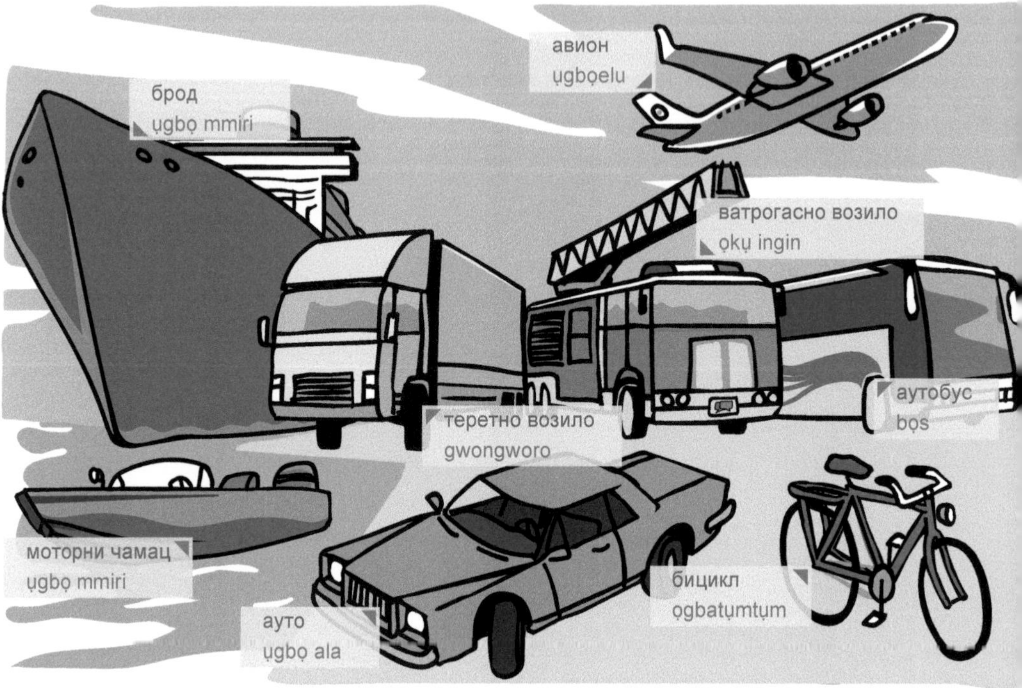

авион
ụgbọelu

брод
ụgbọ mmiri

ватрогасно возило
ọkụ ingin

аутобус
bọs

теретно возило
gwongworo

моторни чамац
ụgbọ mmiri

бицикл
ogbatụmtụm

ауто
ụgbọ ala

трајект
ugbo

чамац
ụgbọ mmiri

мотоцикл
ọgba tum tum

полицијски ауто
ụgbọ ala uwe ojii

тркаћи ауто
ụgbọ ala na-agba ọsọ

изнајмљено ауто
ụgbọ ala mgbazinye

дељење аутомобила

nkekọrịta ụgbọ ala

вучно возило

gwongworo

возило за одвоз смећа

ụgbọala ntufu ahihia

мотор

moto

бензин

mmanụ ụgbọala

бензинска станица

ebe ana ere mmanu

саобраћајни знак

akara okporo ụzọ

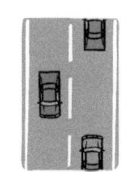

саобраћај

okporo ụzọ

застој

mkpọchị okporo ụzọ

паркиралиште

odu ụgbọ ala

железничка станица

ọdụ ụgbọ oloko

шине

ụzọ

воз

ụgbọ oloko

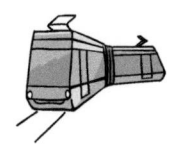

трамвај

ụgbọ oloko

вагон

ajụjụ

хеликоптер
helikopta

аеродром
ọdụ ụgbọ elu

кула
ụlọ elu

путник
onye njem

контејнер
akpa

картон
katọn

колица
ụgbọ ibu

корпа
nkata

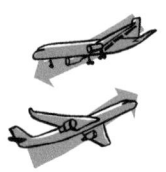

узлетети / слетети
gbapụ / ala

град
obodo

село
obodo

центар града
etiti obodo

кућа
ụlọ

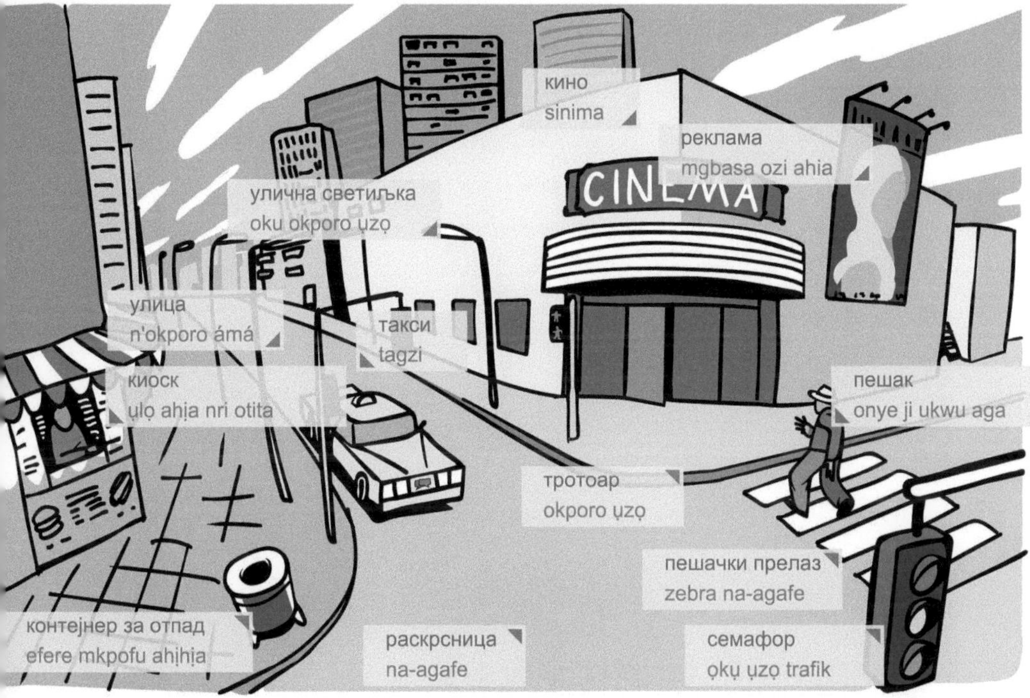

кино
sinima

реклама
mgbasa ozi ahia

улична светиљка
oku okporo ụzọ

улица
n'okporo ámá

такси
tagzi

киоск
ụlọ ahịa nri otita

пешак
onye ji ukwu aga

тротоар
okporo ụzọ

пешачки прелаз
zebra na-agafe

контејнер за отпад
efere mkpofu ahịhịa

раскрсница
na-agafe

семафор
ọkụ ụzọ trafik

колиба
obi

стан
ohiha

железничка станица
ọdụ ụgbọ oloko

већница
nnukwu ọnụ ụlọ obodo

музеј
ihe ngosi nka

школа
ụlọ akwụkwọ

град - obodo

универзитет
mahadum

банка
ụlọ akụ

болница
ụlọ ọgwụ

хотел
nkwari akụ

апотека
ahịa ọgwụ

канцеларија
ụlọ ọrụ

књижара
ụlọ ahịa akwụkwọ

продавница
ụlọ ahịa

цвећара
onye ore fulawa

супермаркет
ụlọ ahịa

трг
ahịa

робна кућа
ngalaba ụlọ ahịa

рибарница
onye azu

трговачки центар
ụlọ ahịa

лука
ọdụ ụgbọ mmiri

град - obodo

парк
ogige

клупа
oche

мост
akwa ngafe

степенице
steepụ

подземна железница
n'okpuruala

тунел
ọwara

аутобуска станица
ebe bọs na-akwụsị

бар
ụlọ mmanya

ресторан
ụlọ oriri na ọnụnụ

поштанско сандуче
igbe akwụkwọ ozi

улични знак
akara okporo ụzọ

паркирни аутомат
igwe nnara ego ndọba ụgbọala

зоолошки врт
zuu

базен
ebe igwu mmiri

џамија
ụlọ alakụba

град - obodo

сеоско газдинство
ugbo

загађење околине
mmetọ

гробље
ili

црква
ụlọ ụka

игралиште
ama egwuregwu

храм
ụlọnsọ

пејсаж
odida obodo

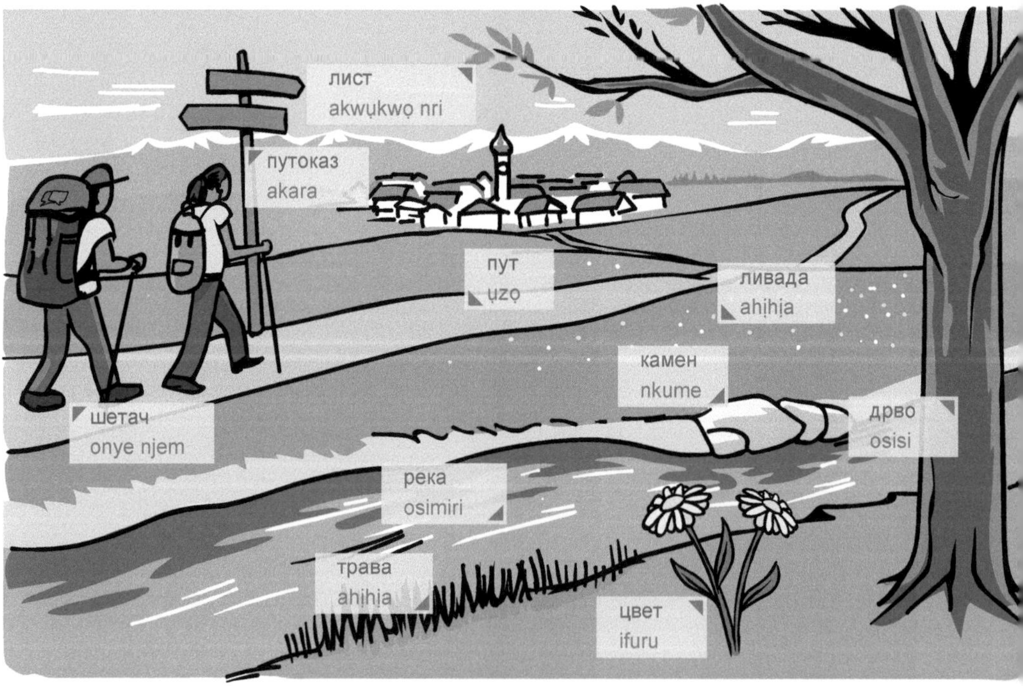

- лист — akwụkwọ nri
- путоказ — akara
- пут — ụzọ
- ливада — ahihia
- камен — nkume
- дрво — osisi
- шетач — onye njem
- река — osimiri
- трава — ahihia
- цвет — ifuru

долина
ndagwurugwu

планина
ugwu

језеро
ọdọ mmiri

шума
ọhịa

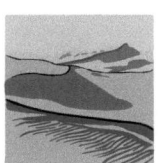
пустиња
ọzara

вулкан
ugwu mgbawa

дворац
nnukwu ụlọ

дуга
eke mmiri

гљива
ero

палма
nkwụ

москито
anwụnta

мува
ofufe

мрав
agbeshi

пчела
ańụ

паук
ududo

пејсаж - odida obodo

буба
ahụhụ

жаба
awọ

веверица
osa

јеж
oke ọhịa

зец
oke oyibo

сова
ikwiikwii

птица
nnụnụ

лабуд
Agbanye

дивља свиња
ezi ọhịa

јелен
mgbada

лос
anụ ọhịa

насип
ihe mgbochi mmiri

ветрењача
ikuku igwe

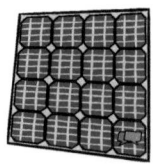
соларна плоча
igwe anwụ

клима
ihu igwe

пејсаж - odida obodo

ресторан
ụlọ oriri na ọnụnụ

конобар — onye na-ebu nri
јеловник — ndeputa nri
столица — oche
супа — ofe
пица — pizza
прибор за јело — ngaji na nma
стољњак — ákwà tebụl

предјело
mbịdo

главно јело
isi nri

десерт
mmeju nri

напитци
ihe ọnụnụ

јело
nri

флаша
karama

брза храна

nri ngwa ngwa

имбис храна

nri n'okporo ámá

чајник

ketulu tii

доза за шећер

nnukwu efere shuga

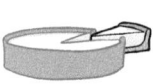

порција

òkè

апарат за еспресо

igwe kofi

висока столица

ochc dị olu

рачун

ụgwọ

послужавник

efere obosara

нож

nma

виљушка

ndụdụ

кашика

ngaji

чајна кашика

ngaji tii

салвета

akwụkwọ oche

чаша

iko

ресторан - ụlọ oriri na ọnụnụ

18

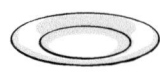
тањир
efere

тањир за супу
efere ofe

тањирић
efere ihendori

сос
ihendori

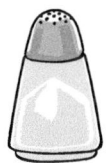
сољенка
ite nnu

млин за бибер
igwe ose

сирће
mmanya gbara ụka

уље
mmanụ

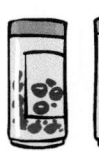
зачини
ngwa nri

кечап
ihe ndori

сенф
mọstad

мајонеза
mayonezi

супермаркет
ụlọ ahịa

понуда
onyinye pụrụ iche

купац
onye ahịa

млечни производи
mmiri ara ehi

воће
mkpụrụ osisi

колица за куповину
ihe nyaghari

месница

igbu anụ

пекара

onye ome achịcha

вагати

tụọ

поврће

akwụkwọ nri

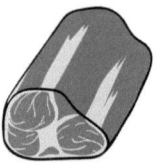

месо

anụ

смрзнута храна

nri oyi kpọnwụrụ

супермаркет - ụlọ ahịa

нарезак
anụ oyi

конзерве
nri komkom

средство за прање
ntụ ọsịsa

слаткиши
ihe ụtọ

артикли за домаћинство
ngwaahịa ụlọ

средства за чишћење
ngwaahịa nhicha

продавачица
onye n'ere ahịa

благајна
rue

благајник
onye okwu ugwo

листа за куповину
ndepụta izụ ahịa

време рада
awa mmepe

новчаник
obere akpa

кредитна картица
kaadị akwụmụgwọ

торба
akpa

пластична кеса
akpa rọba

супермаркет - ụlọ ahịa

напитци
ihe ọṅụṅụ

вода

mmiri

сок

ihe ọṅụọṅụ

млеко

mmiri ara

кола

mmanya otobiri kooku

вино

mmanya

пиво

biya

алкохол

mmanya na egbu egbu

какао

koko

чај

tii

кава

kọfị

еспресо

kofi

капућино

cappuccino

jело
nri

банана

unere

јабука

apụl

наранџа

oroma

лубеница

egwusi

лимун

oroma nkịrịsị

шаргарепа

karọt

бели лук

galiki

бамбус

achara

лук

yabasị

гљива

ero

орашасти плодови

akụ

резанци

nri eriri

шпагете	рижа	салата
spaghetti	osikapa	nri ahihia

помфрит	печени крумпир	пица
ibe	nduku eghere eghe	pizza

хамбургер	сендвич	шницла
achicha	sanwichi	anu

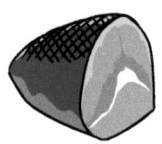

шунка	салама	кобасица
apata ukwu ezi	salami	soseeji

кокош	печење	риба
okuko	ihunuoku	azu

jelo - nri

зобене пахуљице

nri ọka

мусли

nri ututu

кукурузне пахуљице

ọka

брашно

ntụ ọka

кроасан

achicha

пециво

mpịakọta achicha

хлеб

achicha

тоаст

tost

кекси

biskit

маслац

bọta

свежи сир

achicha

колач

achicha

јаје

akwa

јаје на око

akwa eghere eghe

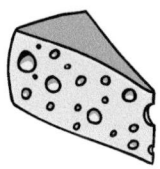

сир

chiiz

jelo - nri

25

сладолед	шећер	мед
ihe nracha	shuga	mmanụ aṅụ

мармелада	нугат крема	кари
jam	gbasaa shuga	kọrị

сеоско газдинство
ugbo

сеоска кућа
ulọ ọrụ ubi

бале сена
ahịhịa bale

амбар
n'ọba

поље
ubi

коњ
ịnyịnya

приколица
ụgbọala na-adọkpụ ụgbọ

трактор
traktọ

ждребе
nwa ewu

магарац
ịnyịnya ibu

овца
atụrụ

лане
nwa atụrụ

коза

mkpi

крава

ehi

теле

nwa ehi

свиња

ezi

прасе

nwa ezi

бик

ehi

гуска
ọgazị

патка
odoguma

пилићи
nwa okuko

кокош
nne okuko

петао
oke ọkpa

пацов
oke

мачка
pusi

миш
oke

вол
ehi

пас
nkịta

кућица за пса
nkịta ụlọ

вртно црево
paipu nhicha ogige

канта за поливање
iko mgbara mmiri

коса
scythe

плуг
ịkọ

сеоско газдинство - ugbo

срп
mma ọhịa

мотика
ogu

виљушка за ђубриво
fọk ahihia

секира
anyu-ike

тачке
wiilbaro

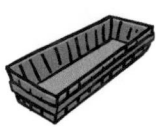

корито
ubi

посуда за млеко
komkom mmiri ara ehi

врећа
akpa

ограда
ngere

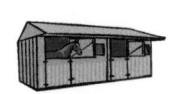

штала
ụlọanụ

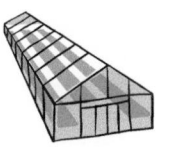

стакленик
ulo glaasi

земља
ala

семе
mkpụrụ

ђубриво
fatịlaịza

комбајн
njikọta ihe ubi

жети
owuwe ihe ubi

жетва
owuwe ihe ubi

јамс зачин
ji

пшеница
ọka wit

соја
soya

крумпир
nduku

кукуруз
ọka

уљана репица
mkpụrụ oọiọi

воћка
osisi mkpụrụ osisi

гомољ маниоке
akpu

житарице
nri ọka

кућа
ụlọ

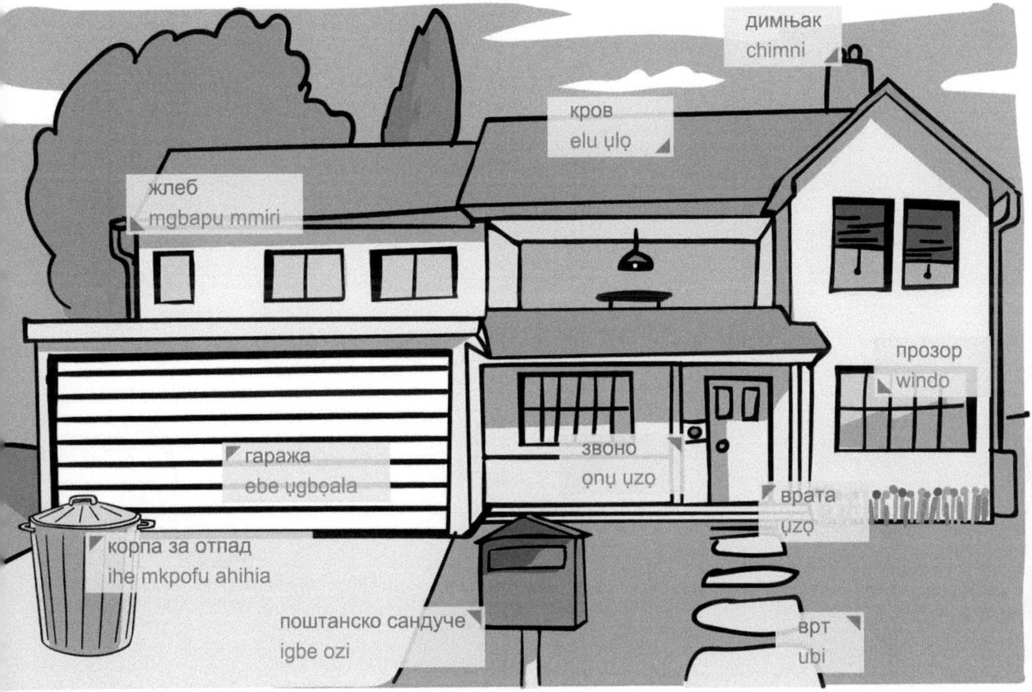

- димњак / chimni
- кров / elu ụlọ
- жлеб / mgbapu mmiri
- прозор / windo
- гаража / ebe ụgbọala
- звоно / ọnụ ụzọ
- врата / ụzọ
- корпа за отпад / ihe mkpofu ahihia
- поштанско сандуче / igbe ozi
- врт / ubi

дневна соба
ime ụlọ ezumike

купаоница
ụlọ ịsa ahụ

кухиња
usekwu

спаваћа соба
ime ụlọ

дечија соба
ụlọ nwa

трпезарија
ime ụlọ erimeri

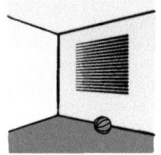

под
ala

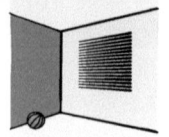

зид
mgbidi

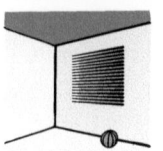

строп
ukọ ụlọ

подрум
okpuru ụlọ

сауна
sawụna

балкон
ihu mbara

тераса
mbara ihu ulo

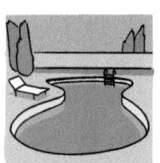

базен
ọdọ mmiri

косилица за траву
Igwe eji asụ ahịhịa

постељина за кревет
mpempe akwụkwọ

дека за кревет
ihe ndina akwa

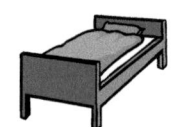

кревет
akwa ndina

метла
aziza

канта
bọket

прекидач
mgba ọkụ

кућа - ụlọ

дневна соба
ime ụlọ ezumike

- слика / foto
- тапета / akwụkwọ ahụaja
- светиљка / oriọna
- регал / ụkọ
- ормар / kọbọd
- камин / ekwú ọkụ
- телевизија / onyonyo
- цвет / ifuru
- ваза / ite
- јастук / kwushin
- кауч / sofa
- даљински управљач / ime njikwa

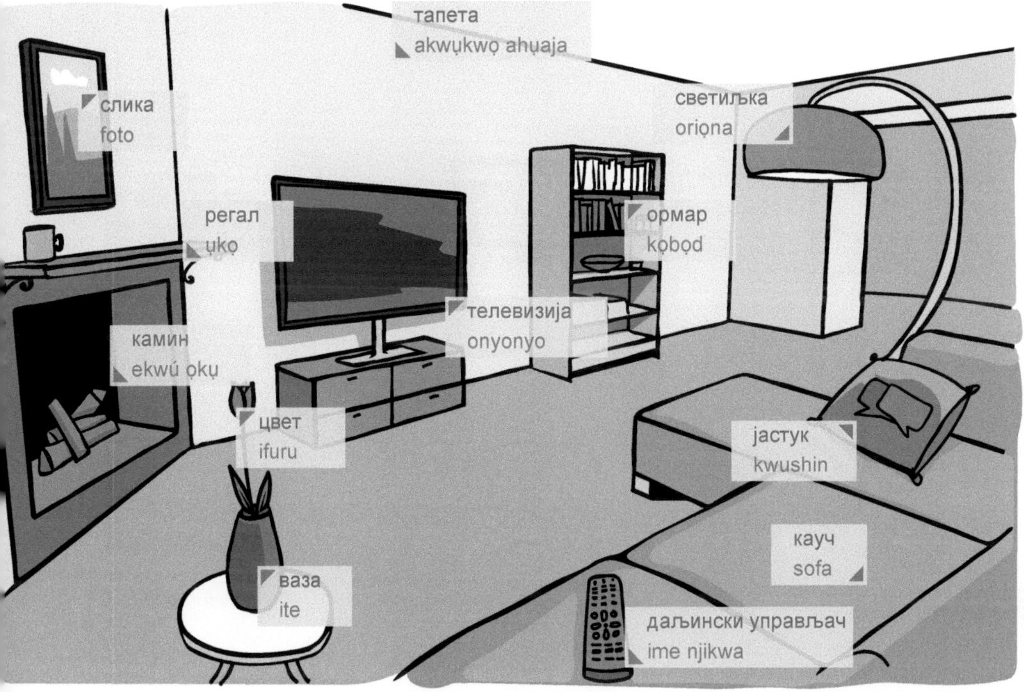

тепих
kapeeti

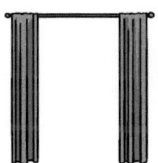

завеса
ákwà mgbochi

сто
tebụl

столица
oche

столица за њихање
mkpatụ oche

фотеља
oche

дневна соба - ime ụlọ ezumike   33

књига — akwụkwọ

деka — akwa mkpuchi

декорација — ihe ochicho mma

дрво за огрев — nkụ

филм — ihe nkiri

хи-фи уређај — ngwa hi-fi

кључ — igodo

новине — akwụkwọ akụkọ

слика на платну — eserese

постер — posta

радио — redio

блок за писање — akwụkwọ ozi

усисивач — igwe nhicha ala

кактус — kaktus

свећа — kandụl

дневна соба - ime ụlọ ezumike

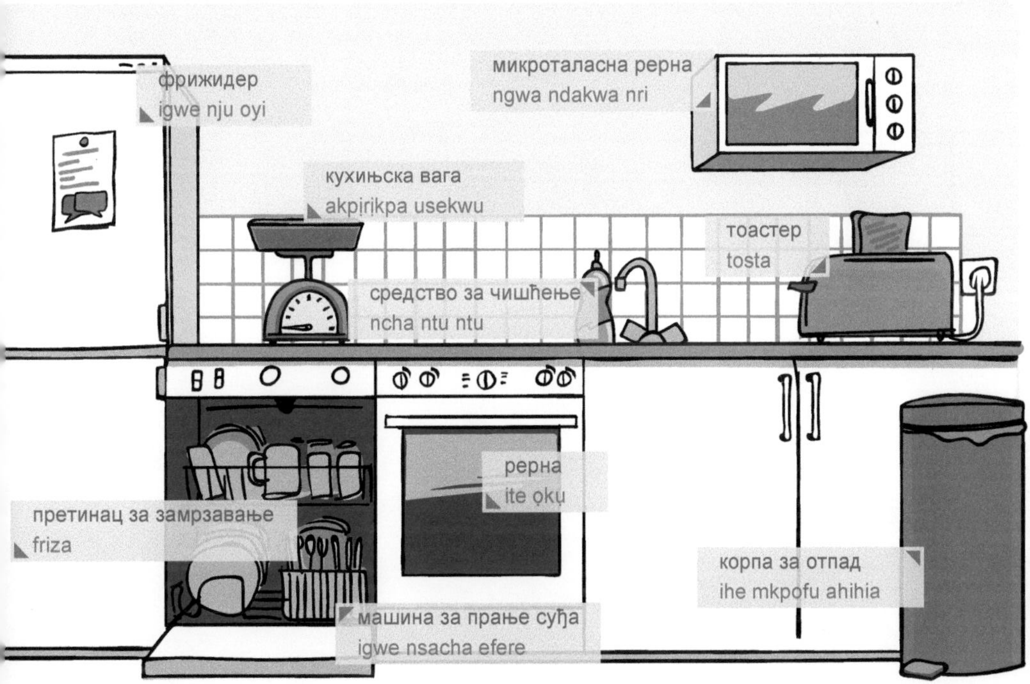

кухиња
usekwu

- фрижидер / igwe nju oyi
- микроталасна рерна / ngwa ndakwa nri
- кухињска вага / akpirikpa usekwu
- средство за чишћење / ncha ntu ntu
- тостер / tosta
- претинац за замрзавање / friza
- рерна / ite oku
- корпа за отпад / ihe mkpofu ahihia
- машина за прање суђа / igwe nsacha efere

шпорет
osi ite

лонац
ite

гвоздени лонац
ite-igwe

вок / кадаи
wok / kadai

тава
ite mmanu oku

кувало за воду
ketulu

кувало на пару
uzoku

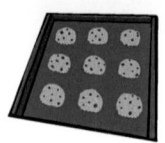

лим за печење
efere nri

посуђе
ite mmiri

чаша
iko

посуда
nnukwu efere

штапићи за јело
osisi

кутлача
ngazi

лопатица
ngazi mmanu oku

пењача
ntughari

сито за кување
nje

сито
nyo

рибеж
nkwo

мужар
ikwe

роштиљ
anu mmikpo

огњиште
imeghe oku

кухиња - usekwu

даска
boodụ ncha ihe

оклагија
osisi mgbatị

вадичеп
ihe mmeghe mmanya

конзерва
komkom

отварач конзерви
ihe mmeghe komkom

крпа за лонац
ite njide

судопер
efere nsacha

четка
ihe nsa eze

сунђер
ogbo

миксер
nkwori

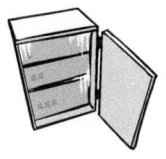

замрзивач
friza

флашица за бебе
karama nwa

славина за воду
mkpọpụ mmiri

кухиња - usekwu

купаоница
ụlọ ịsa ahụ

- грејање / kpọ ọkụ
- туш / ịsa ahụ
- пешкир / akwa nhịcha ahụ
- завеса за туш / ákwà mgbochi
- пенушава купка / mmiri ofufu eji asa afụ
- када / okpokoro iwụ ahụ
- чаша / iko
- машина за прање веша / igwe nsacha akwa
- плочице / tail
- славина за воду / mkpọrụ mmiri
- тута / ihe mposi nwata
- судопер / efere nsacha

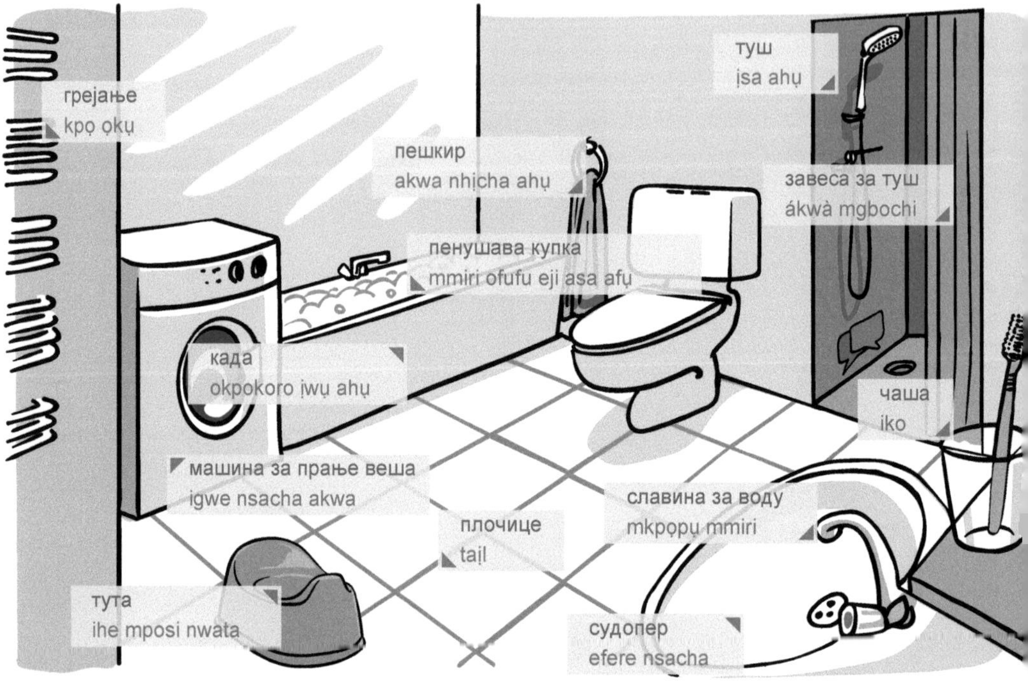

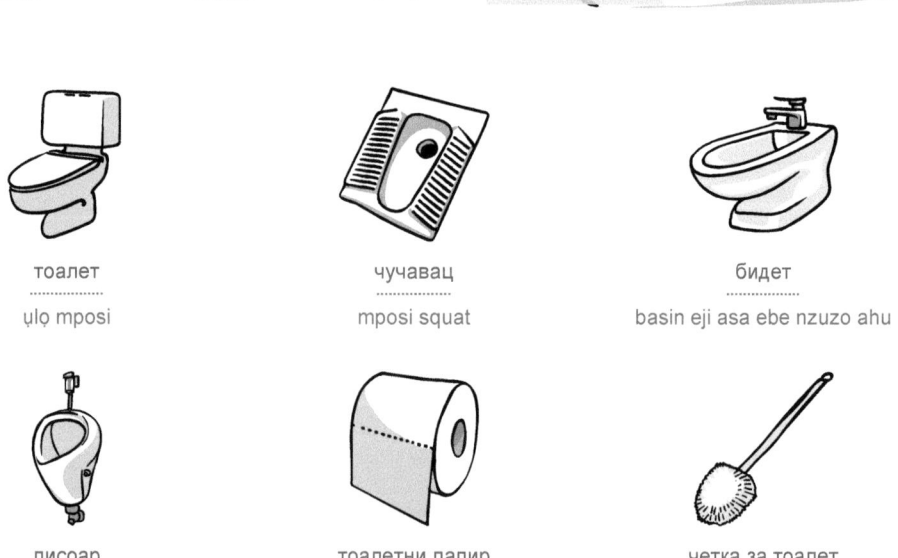

- тоалет / ụlọ mposi
- чучавац / mposi squat
- бидет / basin eji asa ebe nzuzo ahụ
- писоар / ebe inyu mmamịrị oha
- тоалетни папир / akwụkwọ mposi
- четка за тоалет / ahihia ụlọ mposi

четкица за зубе
brọsh

паста за зубе
ihe nhicha eze

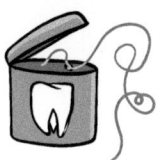

конац за зубе
nhicha eze

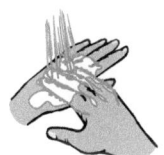

прати
saa

туш ручица
ịsa aka

туш за прање интимних делова
isa mmiri showa

лавор
nnukwu efere nsacha

четка за прање леђа
agba ahịhịa eji ete penti

сапун
ncha

гел за туширање
ncha mmiri nsa ahu

шампон
ncha ntutu

крпа за прање
uwe ajiajuru

одвод
mgbapu mmiri

крема
ude

дезодоранс
senti

купаоница - ụlọ ịsa ahụ

огледало
enyo

козметичко огледало
enyo aka

бријач
rezo

пена за бријање
ụfụfụ ịkpụ afụ

лосион за после бријања
mgbe emechara aji

чешаљ
mbo

четка
ahịhịa

фен за косу
ukponku ntutu

спреј за косу
Ihe mmiri ana agba na isi

шминка
ntecha

руж за усне
mmanụ ọnụ

лак за нокте
ntecha mbọ aka

вата
owu

маказе за нокте
mkpa mbọ aka

парфем
senti

купаоница - ụlọ ịsa ahụ

козметичка торбица
akpa uwe

столица
oche

вага
erikpu

огртач
akwa towelu

рукавице за чишћење
gloovu roba

тампон
ihe mkpuchi obara ogbugbua

уложак
ihe mkpuchi nso nwanyi

хемијски тоалет
ụlọ mposi

купаоница - ụlọ ịsa ahụ

дечија соба

ụlọ nwa

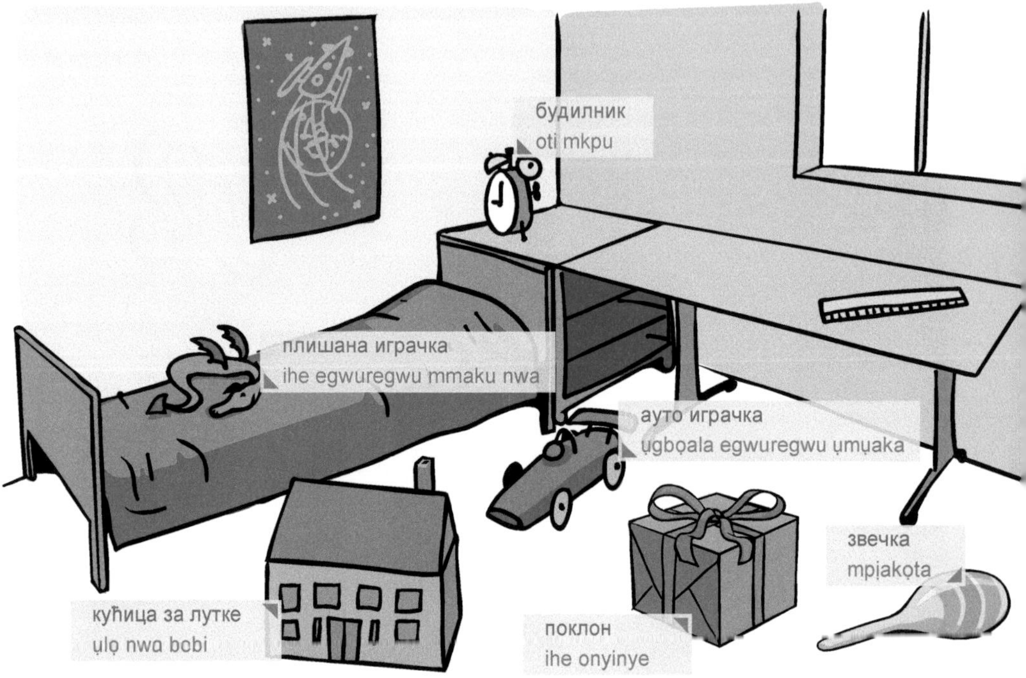

будилник
oti mkpu
плишана играчка
ihe egwuregwu mmaku nwa
ауто играчка
ụgbọala egwuregwu ụmụaka
звечка
mpịakọta
кућица за лутке
ụlọ nwa bobi
поклон
ihe onyinye

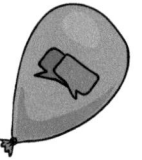

балон

balun

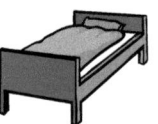

кревет

akwa ndina

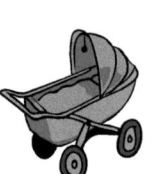

дјечија колица

ihe obu nwa

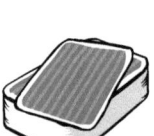

игра са картама

oche kaadị

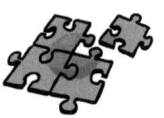

слагалица

egwuregwu mgbagwoju anya

SUPER MEGA

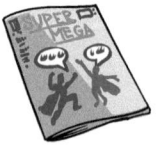

стрип

na-atọ ọchị

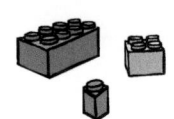
лего коцкице
lego brik

коцкице за слагање
ihe owuwu ụlọ

акциони јунак
ihe ngosi ọgụ

бенкица за бебе
utonwa

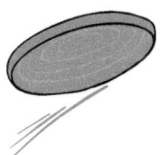
фризби
ihe egwuregwu diski na efe efe

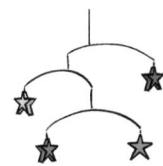
висеће играчке
mbughari

друштвене игре
bọọdụ egwuregwu

коцка
dais

минијатурна жељезница
nlereanya ụgbọ okporo ígwè

дуда
ihe oyiri mmadu eji egosi akwa

забава
otu

сликовница
akwụkwọ foto

лопта
bọọlụ

лутка
nwa bebi

играти
kpọọ

дечија соба - ụlọ nwa

пешчаник
olulu aja

љуљачка
janglova

играчка
ihe egwuregwu gasị

конзола за игре
ihe egwuregwu vidiyo

трицикл
ogbatumtum

теди
ihe egwuregwu ụmụaka

ормар
wodrobu

одећа
uwe

кратке чарапе
sọks

чарапе
sọks

хулахопке
uwe ime ahụ

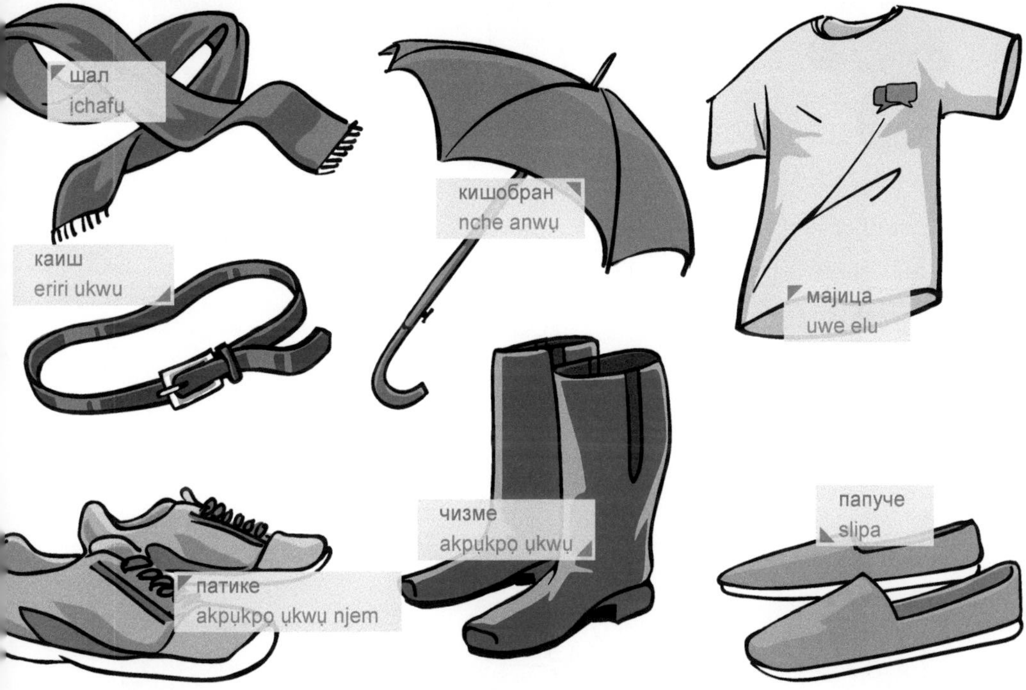

шал
ichafụ

кишобран
nche anwụ

мајица
uwe elu

каиш
eriri ukwu

чизме
akpụkpọ ụkwụ

папуче
slipa

патике
akpụkpọ ụkwụ njem

сандале
....
akpụkpọ ụkwụ

ципеле
....
akpụkpọ ụkwụ

гумене чизме
....
akpụkpọ ụkwụ roba

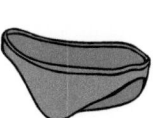

гаћице
....
uwe ime ahu

грудњак
....
efe ara

поткошуља
....
uwe na enweghi aka

одећа - uwe

боди
ahụ

панталоне
traụza

фармерке
trauza siri ike

сукња
sket

блуза
uwe elu nwanyị

кошуља
uwe elu

џемпер
akwa njụnyi eji isi oyi

џемпер с капуљачом
uwe njuoyi

сако
jakeeti

јакна
jakeeti

мантил
ochu oyi uwe elu

кабаница
akwa mmiri

костим
ekike

хаљина
uwe ogologo

венчаница
uwe agbamakwụkwọ

одело

uwe suutu

спаваћица

uwe abalị

пиџама

pajamas

сари

uwe umunwanyi Indian

марама за главу

mkpuchi isi

турбан

okpu

бурка

akwa mkpuchi ihu

кафтан

uwe ogologo nwanyi

абаја

abaya

купаћи костим

akwa mmiri

купаће гаћице

uwe eji egwu mmiri

кратке панталоне

nịịka

одећа за тренинг

uwe mmega ahụ

кецеља

uwe nchekwa

рукавице

uwe aka

одећа - uwe

дугме
bọtịnụ

наочаре
ugegbe anya

наруквица
mgbaaka

огрлица
eriri olu

прстен
mgbanaka

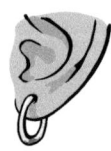

наушница
ola nti

капа
okpu

вешалица
ihe nkowe uwo olu

шешир
okpu

кравата
tai

патент затварач
nzichi

кацига
okpu agha

нараменице
ihe njide eze

школска униформа
uwe ụlọ akwụkwọ

униформа
mbonotu

одећа - uwe

подбрадак
oghọ nri nwa

дуда
ihe oyiri mmadu eji egosi akwa

пелена
akwa nwanye nwa

канцеларија
ụlọ ọrụ

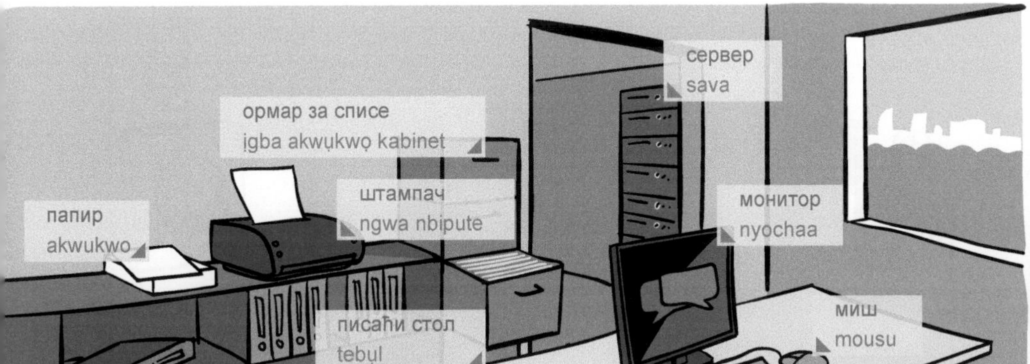

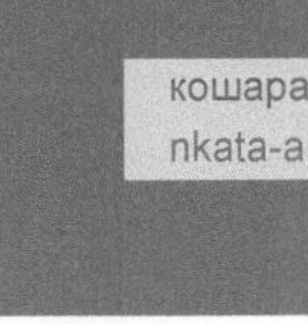

- сервер — sava
- ормар за списе — igba akwụkwọ kabinet
- папир — akwukwo
- штампач — ngwa nbipute
- монитор — nyochaa
- писаћи сто — tebụl
- миш — mousu
- мапа — ihe nchekwa akwukwo
- тастатура — kiiboodu
- столица — oche
- кошара за папир — nkata-ahihia
- компјутер — komputa

шалица за каву
iko kọfị

калкулатор
igwe mgbakọ

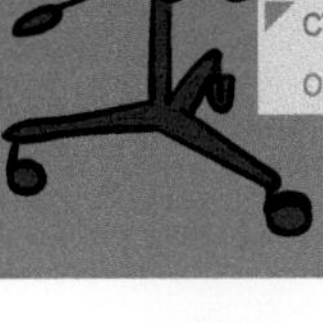

интернет
ịntaneti

канцеларија - ụlọ ọrụ

лаптоп

laptọọpụ

писмо

leta

порука

ozi

мобилни телефон

mkpanaka

мрежа

netwọk

уређај за копирање

ihe mbiputa

софтвер

ngwanrọ

телефон

okwontị

утичница

ebe nkwụnye

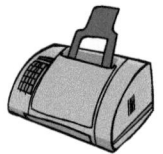

факс

igwe fax

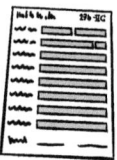

формулар

ụdị

документ

akwụkwọ

економија
akụnụba

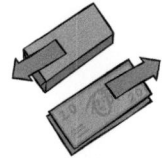

куповати
zụta

платити
kwuo ugwo

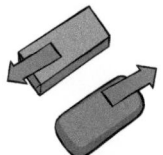

трговати
ahia

новац
ego

долар
ego ndi Amerika

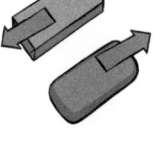

евро
ego ndi Eruopu

јен
ego ndi japanizi

рубља
ego ndi Rusian

швајцарски франак
Switzerland franc

ренминдби јуан
renminbi yuan

рупија
ego ndi Indian

аутомат за новац
ebe akwụmụgwọ

мењачница
ebe mgbanwe ego

злато
ọla edo

сребро
ọlaọcha

нафта
mmanụ

енергија
ume

цена
ọnụahịa

уговор
nkwekọrịta

порез
ụtụ

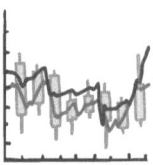

деонице
ngwaahịa

радити
ọrụ

службеник
onye ọrụ

послодавац
onye were gị n'ọrụ

фабрика
ụlọ ọrụ mmeputa ngwahia

продавница
ụlọ ahịa

економија - akụnụba

занимања
aka ọrụ

полицајац — onye uwe ojii

ватрогасац — onye mmenyu oku

кувар — esi nri

лекар — dibia bekee

пилот — ọkwọ ụgbọelu

вртлар
onye na-elekọta ubi

столар
ọkwa nkà

кројачица
akwa nwanyị

судија
ọka ikpe

хемичар
kemist

глумац
onye ome ihe nkiri

занимања - aka ọrụ

возач аутобуса	возач таксија	рибар
ọkwọ ụgbọ ala	ọkwọ ụgbọ ala	onye ọkụ azụ

чистачица	кровопокривач	конобар
nwanyị nhicha	roofer	onye na-ebu nri

ловац	сликар	пекар
dinta	onyo na cec ihc	onye osi ite

електричар	грађевински радник	инжењер
onye ndozi ọkụ eletrik	onye na-ewu ụlọ	njinia

месар	лимар	поштар
onye na-egbu anụ	plọmba	onye ozi

занимања - aka ọrụ

војник
onye agha

архитекта
onye na-ese ụkpụrụ ụlọ

благајник
onye okwu ugwo

цвећар
ore fulawa

фризер
onye na-edozi ntutu isi

кондуктер
kondokto

механичар
onye n'arụzi ụgbọala

капетан
onyeisi

зубар
dibia bekee eze

научник
ọkà mmụta sayensị

раби
rabaị

имам
imam

монах
mọnk

свећеник
ụkọchukwu

занимања - aka ọrụ   55

алати
ngwaọrụ

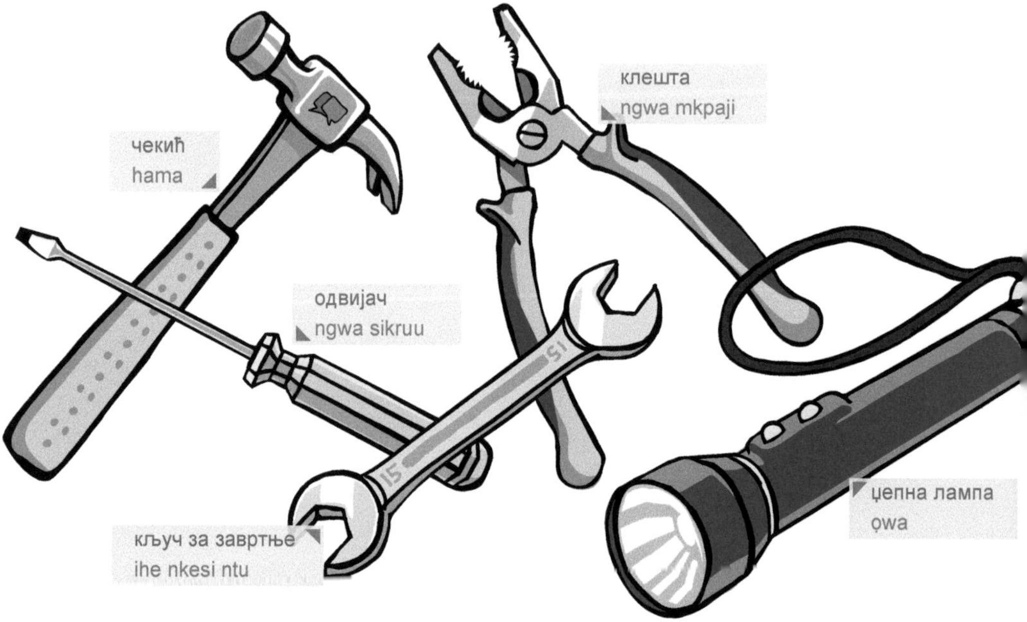

чекић
hama

клешта
ngwa mkpaji

одвијач
ngwa sikruu

кључ за завртње
ihe nkesi ntu

џепна лампа
ọwa

багер
igwu ala

кутија за алат
igbe ngwaọrụ

мердевине
ubube

пила
nkwọ

ексер
mbọ

бушилица
igwe mkpọpu

поправити
mezie

лопата
ihe eji egwu ala

до ђавола!
Ụchụ!

лопатица
efere ájá

лонац за боју
ite agba

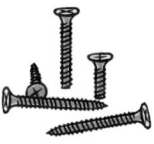
завртањи
ntu

музички инструмент
ngwa egwu

бубњеви
ihe eji eme ihe

звучник
nkwuputa ụda

гитара
jita

контрабас
okpukpu abụọ

труба
opi

клавир
kiibọọdụ

виолина
violin

бас
bass

тимпани
timpani

удараљке за бубњеве
igba

типке клавира
kiibọọdụ

саксофон
sasofone

флаута
ọjà

микрофон
igwe okwu

зоолошки врт
zuu

улаз / ụzọ mbata
тигар / agụ
кавез / ọnụ
зебра / ịnyịnya ọhịa
храна за животиње / nri anụmanụ
панда / panda

животиње

anụmanụ

слон

enyi

кенгур

kangaruu

носорог

rhino

горила

ozodimgba

медвед

anụ ọhịa

камила
kamel

ној
enyí nnụnụ

лав
ọdụm

мајмун
enwe

фламинго
flamingo

папагај
icheku

поларни медвед
anụ ọhịa

пингвин
nnunu mmiri

ајкула
akụm

паун
ekwuru ụlọ

змија
agwo

крокодил
agụ iyi

чувар у зоолошком врту
onye na-elekọta zuu

туљан
mechie

јагуар
agu

зоолошки врт - zuu

пони
inyinya

леопард
agụ owuru

нилски коњ
anụ ọhịa

жирафа
girraaf

орао
ugo

дивља свиња
ezi ọhịa

риба
azụ

корњача
mbe

морж
anụ mmiri

лисица
nkịta ọhịa

газела
mgbada

зоолошки врт - zuu

спорт
egwuregwu

амерички ногомет
Egwuregwu boolu America

бициклизам
ịgba ịgwè

тенис
tenis

кошарка
bọl nkata

пливање
igwu mmiri

бокс
ịkụ ọkpọ

хокеј на леду
hockey akpụrụ mmiri

фудбал
boọlụ

бадминтон
badminton

атлетика
egwuregwu

рукомет
bọl aka

скијање
egwuregwu ski

поло
egwuregwu ịnyịnya

активности
ihe omume

скочити
malie elu

смејати се
chia ochi

загрлити
mmakụ

ићи
jee ije

певати
buo

сањати
nrọ

молити се
kpee ekpere

пољубити
isusu onu

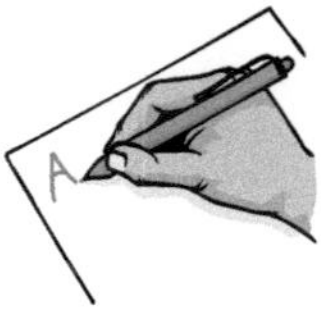

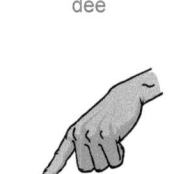

писати

dee

цртати

see

показати

gosi

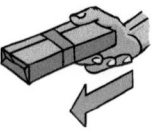

гурати

kwaa

дати

nye

узети

nara

имати
nwee

чинити
mee

бити
ịbụ

стојати
guzoro

трчати
gbaa ọsọ

повлачити
dọọ

бацити
tufuo

падати
daa

лежати
ugha

чекати
chere

носити
buru

седити
nọdụ ala

облачити
yi uwe

спавати
hie ụra

пробудити се
kulie

активности - ihe omume

гледати
lee anya

плакати
tie mkpu

миловати
ọrịa strok

чешљати
mbo

говорити
kwuo

разумети
ighọta

питати
jụọ

слушати
gee ntị

пити
ihe ọnụnụ

јести
rie

поспремити
dozie

волети
ịhụnanya

кухати
isi nri

возити
kwọọ

летети
ofufe

активности - ihe omume

пловити
ụgbọ

рачунати
gbakọọ

читати
gụọ

учити
na-amụta

радити
ọrụ

венчати се
lụọ

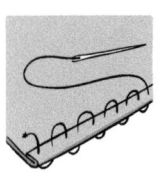

шити
ídu

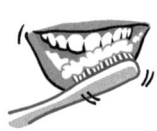

прати зубе
ahihia ezé

убити
gbue

пушити
anwụrụ ọkụ

послати
zipu

активности - ihe omume

породица
ezinụlọ

- бака — nne nne
- деда — nna nna
- отац — nna
- мајка — nne
- беба — nwa
- ћерка — nwa nwanyi
- син — nwa nwoke

гост
obia

тетка
nwanne nne/nna

ујак, стриц
nwanne nna/nne

брат
nwanne

сестра
nwanne

породица - ezinụlọ

67

тело
ahụ

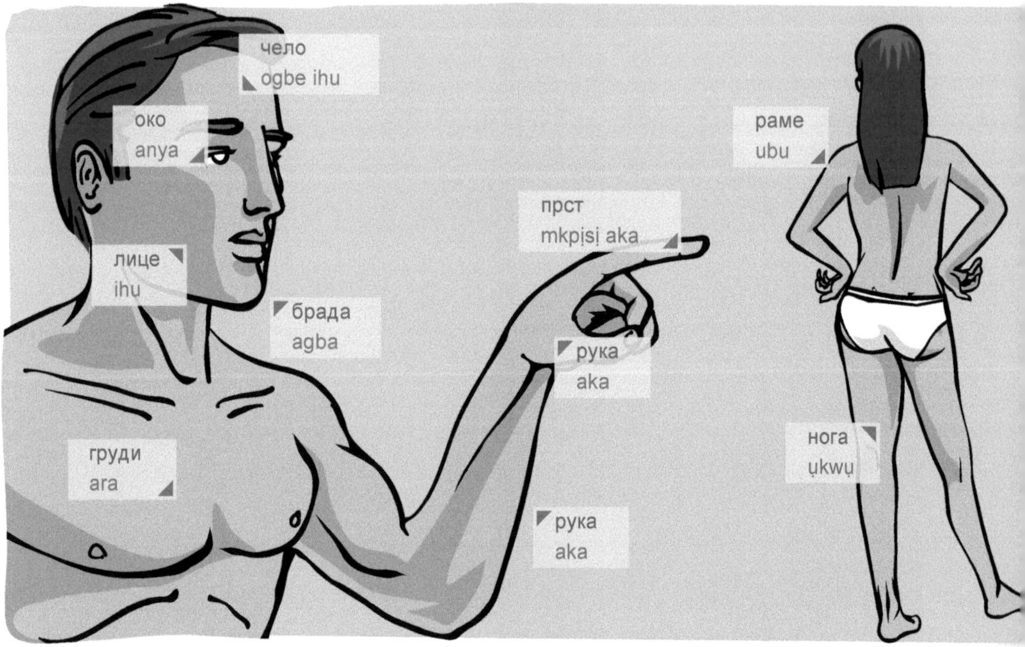

чело
ogbe ihu

око
anya

раме
ubu

прст
mkpịsị aka

лице
ihu

брада
agba

рука
aka

груди
ara

нога
ụkwụ

рука
aka

беба
nwa

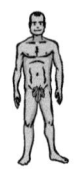

мушкарац
nwoke

жена
nwanyị

девојчица
nwa nwanyị

дечак
nwa nwoke

глава
isị

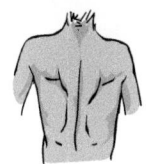

леђа
azu

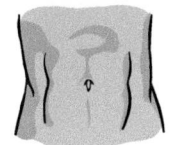

стомак
afọ

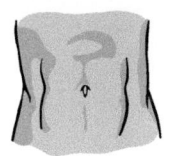

пупак
otubo

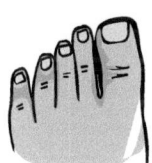

ножни прст
mkpisi ukwu

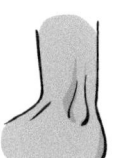

пета
ikiri ụkwụ

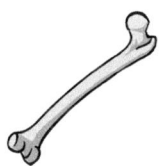

кост
ọkpụkpụ

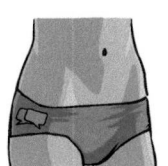

кукови
ukwu

колено
ikpere

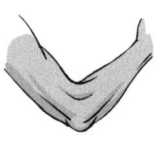

лакат
ikpere aka

нос
imi

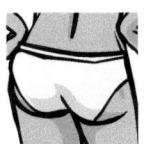

задњица
ike

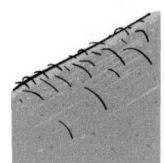

кожа
akpụ kpọ ahụ

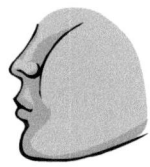

образ
nti

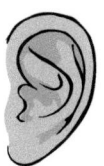

уво
ntị

усна
egbugbere ọnụ

тело - ahụ

уста
ọnụ

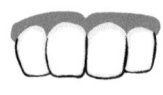
зуб
eze

језик
ire

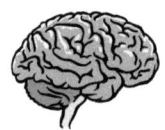
мозак
ụbụrụ

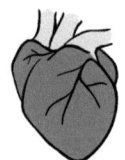
срце
mkpụrụ obi

мишић
akwara

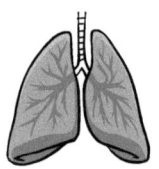
плућа
akpa ume

јетра
umeji

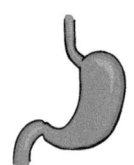
желудац
afọ

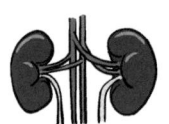
бубрези
akụrụ

полни однос
mmekọahụ

кондом
kondom

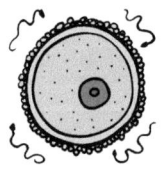
јајна ћелија
akwa nwanyị

сперма
ọbara ọcha

трудноћа
afọ ime

тело - ahụ

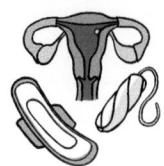

менструација
nsọ nwanyị

вагина
ọtụ

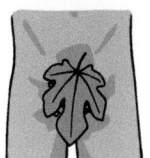

пенис
amụ

обрва
nku anya

коса
ntutu

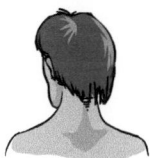

врат
olu

тело - ahụ

болница
ụlọ ọgwụ

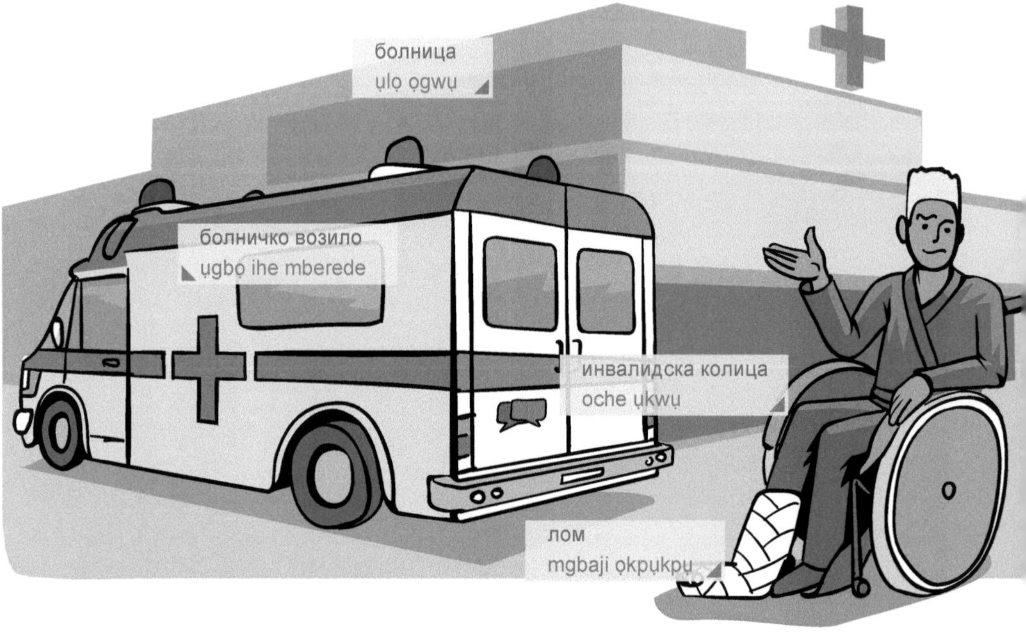

болница
ụlọ ọgwụ

болничко возило
ụgbọ ihe mberede

инвалидска колица
oche ụkwụ

лом
mgbaji ọkpụkpụ

лекар

dibia bekee

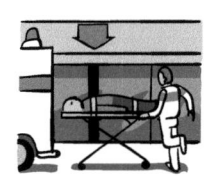

хитна медицинска служба

ụlọ mberede

медицинска сестра

nọọsụ

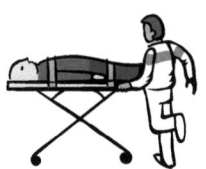

хитни случај

mberede

несвест

amaghị ihe ọ bụla

бол

ụfụ

повреда
mmerụ ahụ

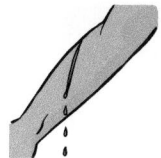

крварење
agba ọbara

срчани удар
obi nkolopu

удар
ọrịa strok

алергија
nke ahu anataghi

кашаљ
ụkwara

грозница
ahụ ọkụ

грипа
ọrịa flu

пролив
afọ ọsịsa

главобоља
isi ọwụwa

рак
kansa

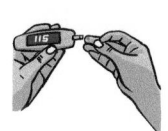

дијабетес
ọrịa shuga

хирург
dọkịta na-awa ahu

скалпел
mma eji awa ahụ

операција
ịwa ahụ

болница - ụlọ ọgwụ

	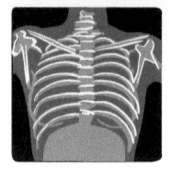	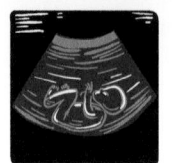
цт CT	рентген x-ree	ултразвук nyocha ime ahu

маска nkpuchi ihu	болест ọria	чекаона ebe nchekwa
	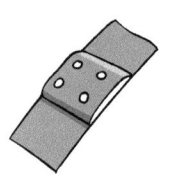	
штака mkpara	фластер nnvachi	завој bandeeji
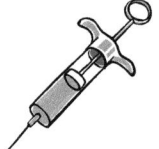	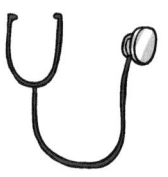	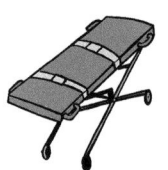
ињекција ogwụ ọgbụgba	стетоскоп stetoskop	носила Igwe eji ibu mmadu

термометар temometa ụlọgwụ	рођење omumu	прекомерна тежина ibufe oke ibu

болница - ụlọ ọgwụ

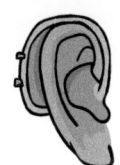
слушни апарат
enyemaka ịnụ ihe

средство за дезинфекцију
mmiri ọgwụ nje

инфекција
ọrịa nje

вирус
nje

хив / аидс
Ọrịa HIV/AIDS

медицина
ọgwụ

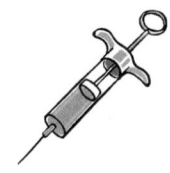
вакцинација
igba ọgwụ mgbochi ọrịa

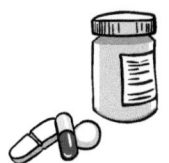
таблете
mkpụrụ ọgwụ

пилула
mkpụrụ ọgwụ

хитни позив
oku mberede

уређај за мерење притиска
nyochaa ọbara mgbali

болесно / здраво
na-arịa ọrịa / ahụike

хитни случај
mberede

помоћ!
Nyerem aka!

аларм
oti mkpu

насртај
wakpo

напад
ogu

опасност
ihe egwu

излаз у случају нужде
ụzọ ọpụpụ mberede

пожар!
Ọkụ!

противпожарни апарат
mmenyu ọkụ

незгода
ọghọm

кутија прве помоћи
akpa enyemaka mbụ

сос
SOS

полиција
ndị uwe ojii

земља
Ụwa

Европа

Europe

Северна Америка

North Amerika

Јужна Америка

South Amerika

Африка

Africa

Азија

Eshia

Аустралија

Ọstrelia

Атлантик

Atlantic

Пацифик

Pasifik

Индијски океан

Oke Osimiri Indian

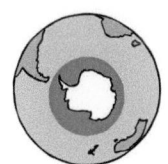

Антарктички океан

Oke Osimiri Antarctic

Арктички океан

Oke Osimiri Arctic

Северни рол

Ebe Ugwu

Јужни рол	Антарктик	земља
Ebe Ọdịda anyanwu	Antarctica	Ụwa

земља	море	оток
ala	oké osimiri	agwaetiti
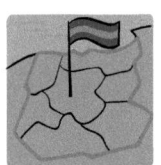	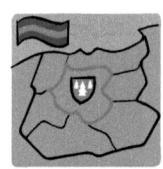	
нација	држава	
mba	steeti	

сат
elekere

бројчаник сата

ihu elekere

сатна казаљка

aka awa

минутна казаљка

aka nkeji

секундна казаљка

ihe ejigoro

Колико је сати?

Kedu ihe na-akụ?

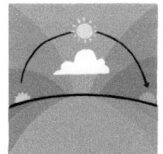

дан

ụbọchị

време

oge

сада

ugbu a

дигитални сат

elekere dijitalụ

минута

nkeji

час

awa

седмица
izu

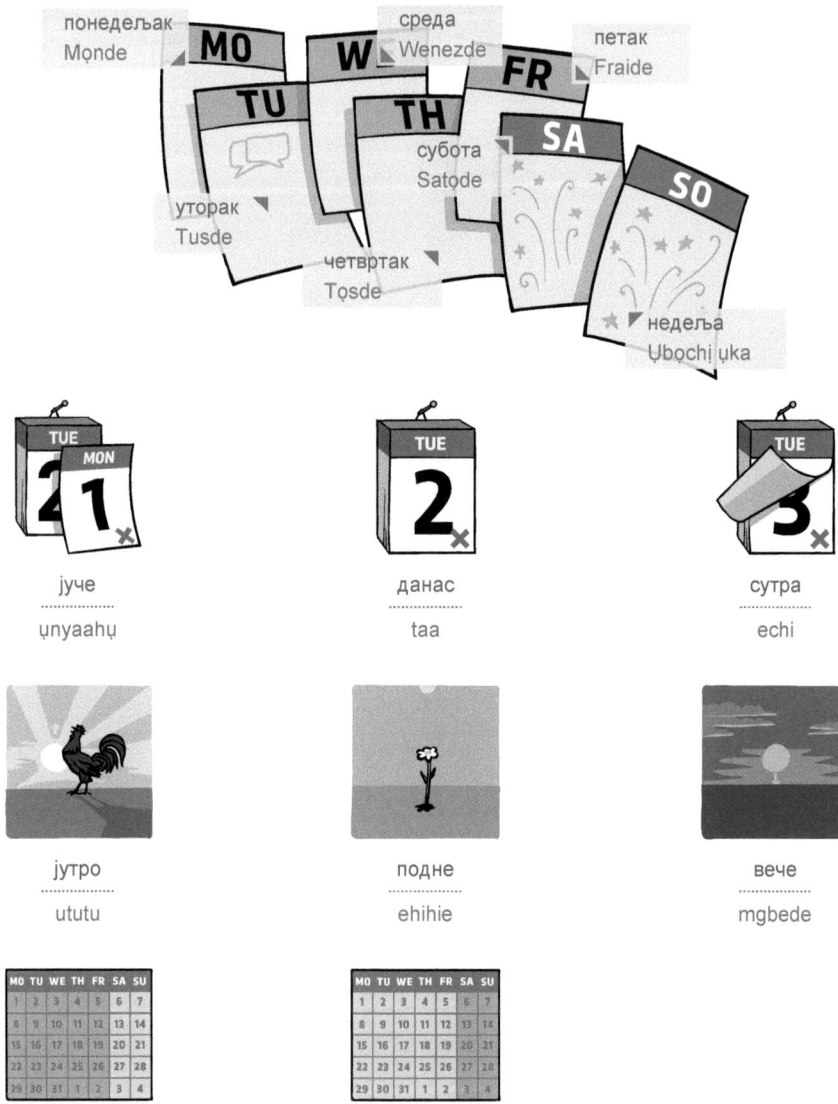

понедељак / Monde	MO
среда / Wenezde	WE
петак / Fraide	FR
уторак / Tusde	TU
четвртак / Tosde	TH
субота / Satode	SA
недеља / Ubochi uka	SO

juče — unyaahu
danas — taa
sutra — echi

jutro — ututu
podne — ehihie
veče — mgbede

радни дани — ubochi azumahia
викенд — izu uka

година

afọ

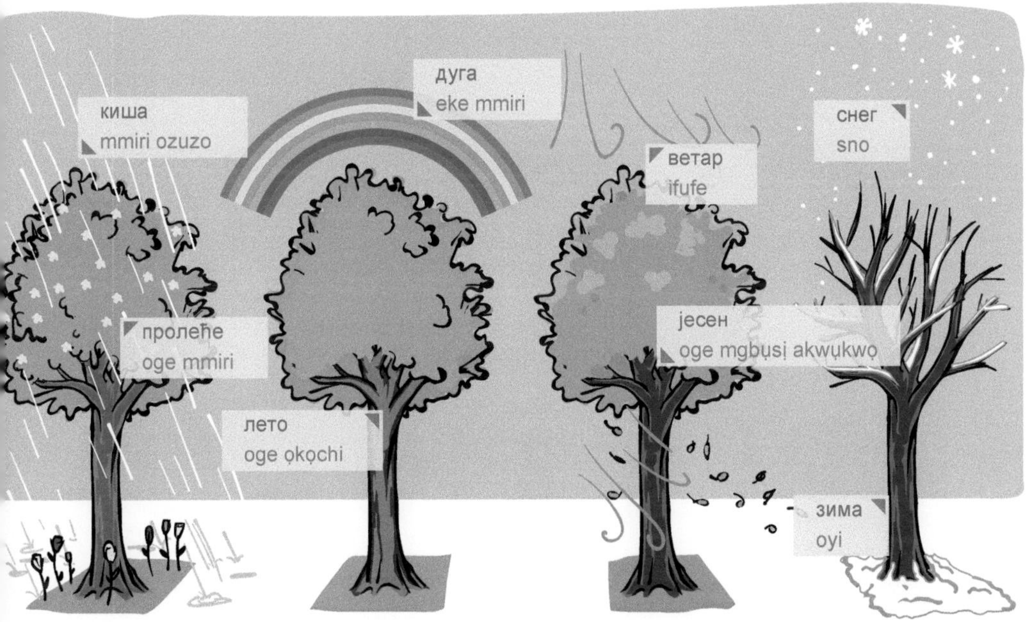

киша
mmiri ozuzo
дуга
eke mmiri
снег
sno
ветар
ifufe
пролеће
oge mmiri
јесен
oge mgbụsị akwụkwọ
лето
oge ọkọchi
зима
oyi

4.APRIL 11°
5.APRIL 4°
6.APRIL 13°
7.APRIL 8°
8.APRIL 10°

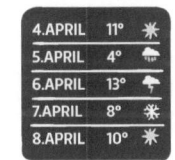

метеоролошка прогноза

amụma ihu igwe

F C
120 40
90 30
60 20
30 10
0 0
-30 -10
-20

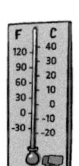

термометар

temometa

сунчана светлост

anwụ

облак

igwe ojii

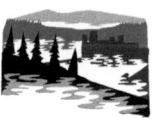

магла

foogu

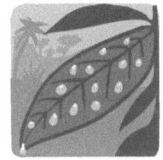

влажност ваздуха

iru mmiri

муња
àmụmà

грмљавина
égbè eluigwe

олуја
oké mmiri ozuzo

туча
aki mmiri

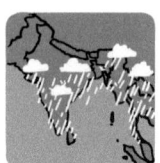

монсун
udu mmiri

поплава
ide mmiri

лед
ọiz

јануар
Jenụwarị

фебруар
Febụwarị

март
Machị

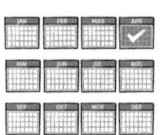

април
Eprel

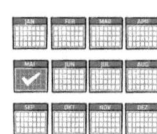

мај
Mee

јуни
June

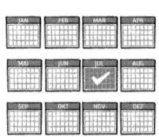

јули
Julaị

август
Ogost

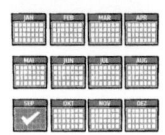
септембар
Septemba

октобар
Oktoba

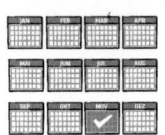
новембар
Novemba

децембар
Disemba

облици
ụdị

круг
okirikiri

квадрат
akuku anọ

правоугао
rektangulu

троугао
akuku atọ

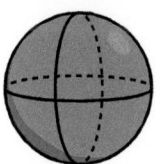
кугла
okirikiri

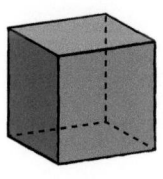
коцка
igbe

боје
na agba

бела

acha ọcha

жута

acha edo edo

наранџаста

acha oroma

ружичаста

acha pink

црвена

acha uhie uhie

љубичаста

acha odo odo

плава

acha anụnụ anụnụ

зелена

acha akwụkwọ ndụ

смеђа

acha aja aja

сива

acha isi awọ

црна

eji oji

супротности
mmegide

много / мало

otutu / ntakịrị

љутито / мирно

iwe / jụụ

лепо / ружно

mara mma / jọrọ njọ

почетак / крај

mbido / njedebe

велико / малено

nnukwu / obere

светло / тамно

na-enwu / ọchịchịrị

брат / сестра

nwanne nwoke / nwanne nwanyị

чисто / прљаво

dị ọcha / unyi

потпуно / непотпуно

mezue / ezughi ezu

дан / ноћ

ụbọchị / abalị

мртво / живо

nwụrụ anwụ / dị ndụ

широко / уско

obosara / warara

јестиво / нејестиво

oriri / erighị

зло / добро

ọjọọ / obiọma

узбуђено / досадно

obi ụtọ / nkịtị gwụrụ

дебело / мршаво

abụba / mkpa

на почетку / на крају

mbụ / ikpeazụ

пријатељ / непријатељ

enyị / iro

пуно / празно

juru cju / efu

тврдо / мекано

ıke / adụ

тешко / лагано

arọ / mfe

глад / жеђ

agụụ / akpịrị ịkpọ nkụ

болесно / здраво

na-arịa ọrịa / ahụike

илегално / легално

n'uzo na ezighi ezi / iwu

паметно / глупо

onye nwere ọgụgụ isi / onye nzuzu

лево / десно

aka ekpe / aka nri

близу / далеко

dị nso / tere anya

ново / половно

ọhụrụ / jiri

ништа / нешто

enweghi ihe / enwere ihe

старо / младо

agadi / nwata

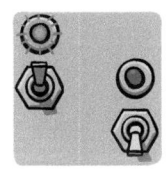

укључено / искључено

gbanye / gbanyụọ

отворено / затворено

mepe / mechie

тихо / гласно

jụụ / dara ụda

богато / сиромашно

ọgaranya / ogbenye

тачно / погрешно

ziei ezi / ezighi ezi

храпаво / глатко

siri ike / larịị

тужно / сретно

mwute / obi ụtọ

кратко / дуго

mkpụmkpụ / ogologo

полако / брзо

nwayọọ / ngwa ngwa

мокро / сухо

dị mmiri / kpọrọ nkụ

топло / хладно

na-ekpo ọkụ / dị jụụ

рат / мир

agha / udo

супротности - mmegide

бројеви
nọmba

0
нула
efu

1
један
otu

2
два
abụo

3
три
atọ

4
четири
anọ

5
пет
ise

6
шест
isii

7
седам
asaa

8
осам
asatọ

9
девет
itolu

10
десет
iri

11
једанаест
iri na otu

12
дванаест
iri na abụọ

13
тринаест
iri na atọ

14
четрнаест
iri na anọ

15
петнаест
iri na ise

16
шестнаест
iri na isii

17
седамнаест
iri na asaa

18
осамнаест
iri na asatọ

19
деветнаест
iri na itoolu

20
двадесет
iri abụọ

100
стотину
narị

1.000
хиљаду
puku

1.000.000
милион
nde

бројеви - nọmba

јези́ци
asụsụ

енглески

Bekee

амерички енглески

Asụsụ Bekee

мандарински кинески

Asụsụ ndị China

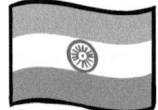

хиндски

Asụsụ ndị Hindi

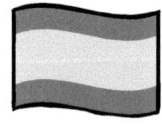

шпански

Asụsụ ndị Spain

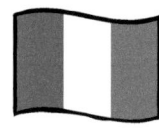

француски

Asụsụ ndị France

арапски

Asụsụ ndị Arab

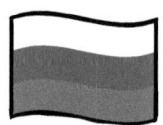

руски

Asụsụ ndị Russia

португалски

Asụsụ ndị Portugal

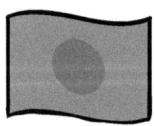

бенгалски

Asụsụ ndị Bengal

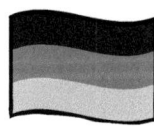

немачки

Asụsụ ndị German

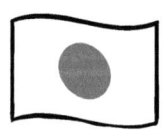

јапански

Asụsụ ndị Japan

ко / шта / како
onye / ihe / olee

ja
M

ти
gị

он / она / оно
ya / ya / ya

ми
anyị

ви
gị

они
ha

Ко?
onye?

Шта?
ginị?

Како?
kedu?

Где?
ebe?

Када?
mgbe ole?

име
aha

где
ebee

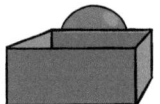

иза

n'azụ

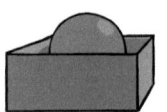

у

n'ime

испред

n'ihu

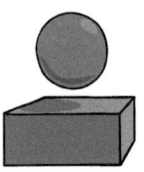

преко

gafee

на

na

испод

n'okpuru

поред

n'akụkụ

између

n'etiti

место

ebe